もうがんばらなくてもいいよ。
あなたは、もう十分がんばってきたじゃない。

自分のことを大切にしてもいいんだよ。
幸せになってもいいんだよ。

いいことが
次から次へと集まってくる

幸せの流れ
にのる方法

徳間書店

幸せの流れにのりたいあなたへ

願いを叶えるための必須のツールがある。

いえいえ。それ以上に、もっと大切なもの。

イメージがなぜ、そんなに大事なの？

"考える"ことで解決できることは、経験と知識のあることだけ。
"イメージ"すれば、経験のないこと知識がないことでも、解決できる。

あなたの夢は何ですか？
その夢、実現した経験がありますか？
ないでしょ？

そうなんです。
ほとんどの人が、自分に経験のないことを夢にしているわけ、だから考えてもわかんないの。

「どうやったら、できるだろう？？」
いくら考えたって、経験のないことは、わからない。
なのに、いつもあなたは考えることしかしないで、悩んでいる。

僕は考えない。

「上手くいったら、どうなっているだろう？」
と、解決像をイメージしてみる。

そして、

> 想像の中に現れたものの中で、
> 今の自分が無理なくできることを、
> やってみる。

これ、とても大事。

みんな、かなり頑張らないとできないこと
ばかりを、しようとする。
だから、できない。

**今の自分が無理なくカンタンに
できることをしてみる。**

それだけで十分！

もう頑張らなくてもいいよ。
あなたは、もう十分頑張ってきたじゃない。

自分のことを愛してもいいんだよ。
そうすれば、
あなたのことを愛してくれる人が現れるよ。

自分のことを
大切にしてもいいんだよ。

そうすれば、あなたのことを大切にしてくれる人が、
あなたの周りに集まってくるよ。

自分の価値を
認めてもいいんだよ。

そうすれば、あなたが本当にやりたいことが、
わかってくるよ。

幸せになってもいいんだよ。
そうすれば、あなたは多くの人たちに、その幸せを
分け与えてあげることができるよ。

この本を読み終えた時、あなたが、自分のことを大好
きになっていることを祈っています。

矢野惣一

イラストレーション：翼
ブックデザイン：熊澤正人・林　陽子(パワーハウス)
本文流し込み：キャップス

幸せの流れにのる方法
目次

幸せの流れにのりたいあなたへ　*004*
　　はじめに　*014*

理想のパートナーに出会うイメージ法

　「考える」ことと「イメージする」ことの違い　*020*
　あなたが本当に出会いたい人がわかってくる　*022*
　イメージは知らないことでも解決できる　*024*
　スポーツ選手は、なぜイメージトレーニングをするのか？　*026*
　あなたの夢を現実にするイメージ法　*028*
　「幸せ」をあなたの脳は、どのように認識しているか？　*030*
　あなたに必要な情報を引き寄せる
　　　　脳は高性能の検索エンジン　*032*
　幸せな人がより多くの幸せを引きつけるわけ　*034*
　「永遠の愛」って、どんな感じ？　*036*
　理想のパートナーに出会うためのイメージ法　*038*
　①幸せいっぱいの自分が主人公の映画を観る　*040*
　②未来のあなたの目で世界を見る　*042*
　③未来のあなたになって体を動かしてみる　*044*

④未来のあなたの感情を感じてみる　*046*
⑤幸せを体に憶えこませる　*048*
⑥未来の幸せを象徴する"色"を身近に置く　*050*
まとめ　*052*

幸せの流れにのるための４つのステップ

幸せになるには「幸せの流れ」にのること　*054*
「頑張らないと幸せになれない」と思っていない？　*056*
幸せの流れにのる方法　*058*
正しい流れにのった後起こるかもしれないこと　*060*
人生も川の流れと同じ　*062*
上手くいかないことをやめる勇気　*064*
幸せの流れにのるには準備が必要　*066*
あなたは幸運を受け入れられる？　*068*
まとめ　*070*

心の重荷を下ろす

過去に対する解釈を変えると現在も変わる　*072*
過去のあなたを応援してあげよう　*074*
心の重荷を下ろすワーク
　1．過去の出来事を客観視する　*076*
　2．過去を書き換える方法①②　*078*
　　過去を書き換えるワーク　*082*
　3．過去に対する解釈を変える方法①②③　*084*
　4．止まっていた時間を動き出させる①②　*090*
自分の人生は自分で決めなきゃね　*094*
親の用意したレールに乗らなくてもいい　*096*
まとめ　*098*

ありのままの自分を受け入れる

「短所を削って長所を伸ばす」
それで本当に幸せになれるの？ *100*

「短所」と「長所」から「本当のあなた」が見えてくる *102*

「短所」と「長所」を書き出す①② *104*

あなたの「短所」をイメージに変えてみよう *108*

あなたの「短所」は？ *110*

あなたの「長所」をイメージに変えてみよう *112*

あなたの「長所」は？ *114*

「短所」と「長所」から「本当のあなた」が生まれる①②③ *116*

「短所」と「長所」のワーク①②③ *122*

ヘドロ＋天使＝バレリーナ？ *128*

あなたのすべてを表現してもいい *130*

まとめ *132*

理想と現実のギャップを埋める

「理想と現実のギャップ」を埋める３つの方法 *134*

どうして人は、理想と現実のギャップに悩むのか？ *136*

間違った思い込みやセルフイメージの外し方 *138*

最強の自己暗示〈パーミッション〉の威力 *140*

「私は〜してもよい」 *142*

自分を許す方法 *144*

あなたの成長を妨げているもの　*146*

あなたを「自由」にする魔法の言葉①②　*148*

あなたは、自分が幸せになることを、
自分自身にどれくらい許可できている？　*152*

あなたの幸せ許可度を測るワーク　*154*

許せば叶う　*156*

まとめ　*158*

本当の未来を知る

潜在意識には、
あなたの未来がプログラムされている　*160*

今のあなたを「動物・植物・物」にたとえたら？　*162*

イメージの目で自分を見てみると　*164*

あなたは、これからどうなっていく？　*168*

新しいイメージの目で世界を見る　*170*

大木になりたかった温室育ちの花　*172*

イメージを解釈する①②　*174*

無意識の力は幸せの流れを知っている　*178*

まとめ　*180*

それでも変わらないあなたへ

相手にしてあげたいことを自分にしてあげよう　*182*

あなたは、今のままでいい　*184*

人は自分以上に相手を幸せにすることはできない　*186*

おわりに ── 僕がこれからしたいこと　*188*

はじめに

この本では、「癒し」と「自己実現」のための具体的な方法を、その専門家である心理療法家が、あなたに大公開しちゃいます。

- 💔 「自分を信じなさい。愛しなさい」というような精神論じゃありません。

- 💔 「まず、人に与えなさい」というような無理難題でもありません。

- 💔 「靴をそろえて脱げば運がつく」というような科学的な根拠がないものでもありません。

- 💔 「あきらめちゃいけない。根性、根性、ど根性！」根性のある方は、この本がなくても成功できるでしょう。ただし、根性だけでは、幸せにはなれません。

- 💔 「『結婚できる！』って毎朝唱えれば実現する」って、何か自分に嘘ついている気がする。

- 💔 本を読んだ後は、どうにか幸せな気分になるんだけど、しばらくすると、ちっとも変わってない自分がいるんだよね。

↓

♥　今までの本のような精神論じゃありません。

♥　読んでただ自分を慰めるための本でもありません。

♥　効果は僕自身と僕の相談者さんたちで実証済み。

♥　しかも科学的な根拠まであります。

　この本の方法を試すも試さないもあなたの自由。
　試せば、あなたはもっと幸せに。
　試さなければ、今のまま。

　あなたは「頑張らないと幸せになれない」と思っていませんか？

　僕もそうだった。頑張って頑張って頑張っていたけど、幸せではなかった。むしろ不幸だった。毎日が苦しかった。ストレスのため、体重は今より10kgも重く、頭には円形脱毛があった。

　そして、自殺まで考えていた。死ねば楽になるだろうなって思っていた。つらいことばかりの人生に未練はなかった。

そんな、39歳独身、恋人なし、親友なし、安サラリーマン、のさえない中年オヤジが、今では心理療法家として大勢の人たちを癒している。そして、自分自身も家庭と仕事に恵まれて幸せに暮らしているんだよ。

　どうして、そんなふうになれたんだろう？
　知りたい？
　それは、心理療法と成功法則のテクニックを自分自身に使ったから。それをこの本で、あなたにお伝えしちゃおうというわけ。

あなたは、自分のやりたいこと、人生の目的がわかっていないから不幸だと思ってないかな？

自分のやりたいことがわかりさえすれば、本当に幸せになれるのかな？

　僕は心理療法家として、多くの人たちの相談にのってきた。ほとんどの人が、どうなりたいかという目的なんか持ってはいない。ただ、今の苦しみから逃れたい、という思いでセラピーを受けに来る。
　けれど、ほとんどの人が、セラピーを受けて幸せになっていっている。やりたいことがわかったわけではないのにだよ。
　どうしてだと思う？

セラピーを受けたことで、彼女たちは"自分の本当の素晴らしさ"に気づいたんだよ。ただそれだけのことで、みんな幸せになれたんだ。
　もう一度言うね。

"自分の本当の素晴らしさに気づく"
それが幸せになるための唯一の方法なんだよ。

　あなたは、どんな人に幸せになってもらいたい？

　そうだよね。
　素晴らしい人に幸せになってもらいたいよね。
　あなたが愛している人に幸せになってもらいたいよね。

　自分のことを好きになる。
　自分の本当の素晴らしさに気づく。
　すると、もう一人のあなた（心理学では、これを"無意識"と呼びます）が、あなたを幸せにしようと動きだしてくれるわけ。
　だから、自分ではちっとも頑張っていないのに、いつの間にか幸せになれちゃうんだ。無意識があなたを幸せにしてくれるんだから、いつの間にか（＝無意識のうちに）幸せになれちゃうのも当然だよね。

"頑張る"ということは、流れに逆らうこと。
　流れに逆らっているのだから、いつまで経っても、流れの中から出ることはできない。いつになっても、どこにもたどり着けない。

　自分の本当の素晴らしさに気づいて、
無意識の力に人生を委ねるということは、自分の本当の人生の流れにのるということ。

　すると、幸せが次から次へとあなたのまわりに集まってきます。
　流れに逆らわないでいれば、いつの間にか、目的地にたどり着く。あなたの無意識は、あなたをあなたにとっての本当の幸せに導いていってくれる。

　さあ、一緒に"幸せの流れ"にのろう！

矢野惣一

理想のパートナーに出会うイメージ法

理想のパートナーに出会うイメージ法
「考える」ことと 「イメージする」ことの違い

「理想のパートナー、オンリーワンの永遠のパートナーに出会うためには、どうしたらいいのだろう？」
って、あなたは何度も"考えた"ことでしょう。
　で、"考えて"答えが出た人いる？
　誰もいないのかぁ……。

　でも、ご安心を。
"考えて"わからないことは、"イメージ"を使えばいいんだ。

"考えて"わかることは、知っていること、経験のあることだけなんだよ。
　僕たちは、上手くいった経験のあることでは、あまり悩まないよね。昔どうやったのかを考えて、その通りにやれば上手くいくからね。
　自分に経験のないことでも、本を読んだりして他人の経験を参考にすれば、上手くいくこともある。

　だから、**悩むのは、上手くいった経験や、どうやったら上手くいくのかという知識がないからなんだ。**

考えて 考えて 考えて〜

わからなくて頭まっしろ

あーだから
こーで
でもこーなって ぶつぶつ

大丈夫!! ドロドロドロドロ

考えてもわからなくなったら**イメージ**を使えばいいんだよ！

結論

イメージすれば、経験のないことでも解決できる

理想のパートナーに出会うイメージ法
あなたが本当に出会いたい人が
わかってくる

「理想のパートナーに出会うための具体的な方法」を知っている人いる？

そういったものって、だいたい蓋を開けてみると次の3つのどれかになる。

お化粧の上手な仕方とか、料理の腕の磨き方とか、そういった自分磨きのテクニック。男を引きつける仕草・表情・会話などのコミュニケーションのテクニック。

自分は何もしなくとも、来年になれば白馬に乗った王子様が現れる、という占いや宗教もどきの他力本願もの。

テクニックを身につけるのはとても良いことだと思う。けれど、いくらテクニックを磨いたところで、実際に理想のパートナーが現れるわけではない。

なぜかというと、これらの方法は、テクニックを磨くための方法であって、理想のパートナーを見つけるための方法ではないから。

つまり、あなたが知っているのは、お化粧法や会話術であって、理想のパートナーを見つける方法ではない。だから、これらの方法では、理想のパートナーを見つけることは、ほとんどできない。

結論

出会いのための本当の近道がある

理想のパートナーに出会うイメージ法
イメージは知らないことでも
解決できる

　知らないこと、経験のないことでも"イメージ"することはできる。

　理想のパートナーを見つける"方法"はわからなくても、理想のパートナーと一緒にいる時のことを"想像"することはできるよね。
　そして、想像できると、本当にその理想の相手が現れたりする。予感が的中することってよくあるけど、予感というのは何かをイメージしているわけだ。

　つまり、知らないこと、経験のないことでも"イメージ"できれば解決することができるんだ。
　イメージってスゴイと思わない？

　でも、どうして、イメージできることは現実になるんだろう？
　そのことを説明していくね。

結論

「うまくいったら、どうなるだろう」と空想する

理想のパートナーに出会うイメージ法

スポーツ選手は、なぜ
イメージトレーニングをするのか？

　一流のスポーツ選手がイメージトレーニングをしているのは、みんなも知っているよね。でも、どうして、イメージトレーニングがそんなに重要なんだろう？

　こんな実験をした科学者がいる。バスケットボールのフリースローの練習をA、B2つのグループに分かれてしてもらった。Aグループの人たちには、実際にボールを使って練習してもらった。Bグループには、イメージの中だけで練習してもらった。
　結果、A、B2つのグループの間に、フリースローの上達具合に差がなかった。
　そして、練習の時に活動している脳の領域を調べたところ、A、Bで違いがなかった。しかも、活動している脳の領域の発達具合まで同じだった。脳も筋肉と同じで、使えば使うほど発達するんだ。
　つまり、実際に体を動かして練習した場合と、イメージの中で練習した場合とで、同じ脳の領域が活動し、脳が同じように発達したというわけさ。
　僕たちの行動は、すべて脳からの指令で制御されている。だから、脳が発達すれば、行動も上達するってわけ。

> 結論
>
> イメージするだけで、脳は発達する

理想のパートナーに出会うイメージ法
あなたの夢を現実にする
イメージ法

　では、どのようにイメージすれば、夢を現実にするために脳を発達させることができるんだろう？

　一流の短距離走者は、実際のベストタイムと同じ時間でイメージの中でも走ることができる。そして、呼吸も脈拍も実際に走っている時と同じように上昇する。

　つまり、実際にその行動をした時と同じ脳の領域を発達させるためには、イメージの中でも現実と同じように体を動かして、体の感覚を感じてみることが不可欠なんだ。

　今まで、理想のパートナーと一緒にいる"自分の姿"をイメージしていた人いるんじゃないかな。

　残念ながら、いくら自分の姿をイメージしても、それは現実にはならない。なぜって、自分で自分の姿を見ることはできないよね。自分が見ることができるのは他人の姿だけだ。

　だから、自分の姿をイメージしても、それを脳は他人事として認識してしまう。これでは、脳は発達しないよね。

結論

夢を叶える第一のツールは「脳の発達」

理想のパートナーに出会うイメージ法
「幸せ」をあなたの脳は、どのように認識しているか？

あなたは、幸せを見たことがありますか？
幸せを聞いたことがありますか？
幸せの匂いをかいだことがありますか？
幸せって、どんな手触りですか？

そう、幸せは五感で認識できるものではない。幸せは、見るものでも聞くものでもなく"感じる"ものなんだ。
だから、幸せを現実にするには、幸せがどんな感じなのか、体の感覚をイメージすることが必要だ。

また、幸せを感じている時は、意識は自分の内面に向いていて外側にはない。
自分の世界に入ってしまっている。外の世界のことは、はっきり見えたり、聞こえたりしていない。ぼんやりと色だけが見えていたりする。

試しに、幸せを感じた時、目を閉じて瞼の裏側が何色になっているか調べてみよう。
それが、あなたの脳が認識している"幸せの色"なんだ。

結論

幸せには色がある。あなたの"幸せの色"は？

理想のパートナーに出会うイメージ法
あなたに必要な情報を引き寄せる 脳は高性能の検索エンジン

　インターネットの検索エンジン。キーワードを入力すると、それに関する情報を集めてくれる。実は、僕たちの脳は、極めて高性能の検索エンジンなんだ。
　コンピューターの検索エンジンが、文字でしか検索することができないのは、プログラム"言語"しか、認識できないからだ。
　それに対して、僕たちの脳は、文字以外にもいろいろな情報を認識することができる。映像、音声、匂い、味、触覚という五感だ。
　たとえば、ウエディングドレスを思い浮かべてみて。いろいろなスタイルのドレスが、次々に思い浮かんだ人もいるだろうし、彼氏のタキシード姿を隣に思い描いた人もいるでしょう。ひとつの映像からでも、それに関するさまざまな情報が引き出されるんだ。
　さて、僕たちの脳が検索できるのは、五感だけじゃない。実はこれが一番強力な検索エンジンだ。
　それは、"感情"。
　感情は、体の感覚として表れる。好きな人の前にいくと胸がドキドキするよね。"恋に胸を焦がす"っていうけど、本当に胸が熱く燃えているような感じがするもんね。

結論 まず脳に幸せな時の「感情」をイメージさせる

理想のパートナーに出会うイメージ法

幸せな人がより多くの幸せを引きつけるわけ

　なぜ、感情（体の感覚）が、一番強力な検索エンジンかっていうと、人は感情を求めて行動を起こすから。
　酒が止められない、タバコが止められない、というのは、酒を呑んだ時の解放感、タバコを吸った時のリラックスした感覚を体が憶えてしまっているからなんだ。
　幸せな人は、より多くの幸せを引きつける。不幸な人は、さらに不幸を引きつける。それは、身体感覚という脳のスーパー検索エンジンが働いているからなのさ。

　そうそう、スポーツ選手がイメージトレーニングする際にも一番肝心なのは、体の感覚をイメージすることだったよね。もうわかったね。
　理想のパートナーと出会うためには、その人と一緒にいたら、どんな感じがするか、体の感覚をイメージしてみればいいんだ。
　そうすれば、あなたの脳のスーパー検索エンジンが、その感覚を感じさせてくれる人を無意識のうちに探し出してくれるというわけさ。
　脳のスーパー検索エンジンをフル活動させるためには、五感＋感情（身体感覚）でイメージすること。

結論

脳が幸せを集めてくれる。これが「イメージの力」

楽しいイメージが楽しい現実を引き寄せるんだ！

理想のパートナーに出会うイメージ法
「永遠の愛」って、どんな感じ？

　恋は3年で冷める、3年目の浮気、など、愛は3年目で正念場をむかえるらしい。これは生物学的に仕方ないことだそうだ。
　ロマンチックな、あるいは燃えるような恋に落ちた時、脳からPEAという快楽ホルモンが分泌される。
　だけど、PEAの分泌は、18ヵ月から3年で低下する。だから、恋愛は長くとも3年で終わってしまうんだ。
　"永遠に続くロマンチックな愛"なんて、生物学的には幻想にしかすぎないんだな。

　では、3年以上続いているカップルがいるのは、なぜか？　ロマンチックで燃え上がる恋が終わっても、別れないで幸せにしているカップルが、お互いに抱いている感情には共通点がある。それは、一緒にいて"安心"できるという感覚。そして、"一体感"だ。
　この安心感と一体感。エンドルフィンという脳内ホルモンが引き起こす。長年連れ添った夫婦はお互いを「空気みたいな存在」「ホッとできる」などと言っている。
　永遠の愛は、あなたが憧れているようなロマンチックなものではなく、ホッとするものなんだな。

結論

永遠の愛は「安心感」と「一体感」

理想のパートナーに出会うイメージ法

理想のパートナーに出会うための イメージ法

　さあいよいよ、理想のパートナーに出会うためのイメージを実践してみよう。
　あなたの脳のスーパー検索エンジンに、あなたの理想かつ永遠のパートナーを探させるんだ。
　脳のスーパー検索エンジンをフル活動させるためには、五感＋感情（身体感覚）でイメージするんだったね。

　理想のパートナーと一緒にいる時のことを想像してみよう。それを次の順番でイメージしてみよう。
　出てきたイメージをメモに書いておこうね。

①幸せいっぱいの自分が主人公の映画を観る

　まずは、あなたがどんなに幸せな姿をしているか、あなたが主人公の映画を観ているように、客観的に観察してみよう。

あなたは、どんな服を着ているかな？

一緒にいる彼は、どんな人？
服装は？　身長はどのくらい？　体格は？

天気はどう？

二人は、どこにいるのかな？

二人はそこで何をしているの？

　あなたの行動の特徴を観察してみよう。
"身振り手振り"に、どんな特徴があるかな？
　オーバージェスチャーになっているかもしれないね。

理想のパートナーに出会うイメージ法
①幸せいっぱいの自分が主人公の映画を観る

"姿勢"はどうだろう？
　ピンと背筋が伸びているかもしれない。

"歩き方"に何か特徴はないかな？
　彼と手をつないで、彼の少し後ろを歩いているかもしれないね。

"表情"はどう？
　満面の笑み。心から安心してくつろげているって顔をしているかもしれない。

　どんなことを話しているか、二人の会話を聞いてみよう。
　そして、あなたの話し方の特徴を観察してみよう。
"口調や口癖"は、どうだろう？

　ゆったりと落ち着いた口調で話しているかな？
　楽しそうに早口で喋っているかもしれないね。

私がヒロインの映画♪

客観的に
観察してみてね♡

結論

身振り・姿勢・歩き方・表情・口調を観察すると、自分の特徴がよくわかる

理想のパートナーに出会うイメージ法

理想のパートナーに出会うイメージ法
②未来のあなたの目で世界を見る

　次に、映画の中に入っていって、映画の中のあなたと一体化してみよう。映画の中のあなたを抱きしめて、あなたの体の中に溶け込ませてみよう。

　幸せいっぱいのあなたの目で見ると、世界はどんなふうに見えているかな？　今までのあなたが見ている世界の見え方とは、どこが違うだろう？

"明るさ"や"色合い"は、どうだろう？
　今までの世界より、明るくて、ピンクやオレンジや黄色の薄いベールがかかっているかもしれない。

"視界の広さ"は、どうかな？
　今までのあなたが見ている世界より、ずっと広く見渡せているかもしれないね。

"目線の高さ"は、どうだろう？
　あなたは、彼と同じ目線の高さで話をしているかもしれない。

① 映画の中に入り…

あら
おじゃましまぁす

② 映画の中の自分を体の中に溶けこませ一体化すると…

ぎゅーっ！
こんなステキな彼がこんな近くにっっっ！！！

どーするどーする
ブラボー

泳ごうぜ！

キラ キラ

誰!?

結論

「見え方」が変わると、感じ方も変わる

理想のパートナーに出会うイメージ法

③未来のあなたになって体を動かしてみる

　さあ、映画の中の自分になりきって、イメージの中で体を動かしてみよう。さっき観察した行動の特徴を思い出して、その通りに真似てみよう。

　身振り手振り。
　姿勢。歩き方。
　表情。
　話し方。口調。口癖。

　未来の自分になりきって行動してみて、どんな感じがする？

　今までの、あなたの体の感じと、どこが違うかな？

　ひとつひとつの動きが軽く感じられているかもしれないね。

> 結論
>
> 「体の動かし方」を変えると、新しいあなたになる

うわーい
軽ーーい！
何でも出来そう♪

…楽しそうで
何よりデス。

びよーん
びよーん

はじけてるなぁ…

理想のパートナーに出会うイメージ法

理想のパートナーに出会うイメージ法
④未来のあなたの感情を感じてみる

　未来のあなたになりきって、イメージの中で、理想のパートナーと一緒に過ごしていると、どんな感じがする？

"胸の感覚"を探ってみよう。
　胸が温かな感覚で膨らんでいるかもしれない。
　安心した感覚で満たされているかもしれない。
　自分の胸の中に彼の温もりを感じているかもしれない。

　もしかすると、胸だけでなく体全体が、何か温かな光のようなもので包まれているような感じがしているかもしれない。

　もし、ドキドキしたり、燃えるような感じがしたら、残念ながら、それは永遠のパートナーではないと思う。

　けれど、燃えるような恋をしてみるのもいいもんだよ。
　燃えるような恋の先に、安心感と一体感を感じる永遠の愛が待っているのかもしれない。

出てきたイメージや気づいたことを
メモしておこう！

-
-
-
-

-
-
-
-

理想のパートナーと出会うイメージ法

理想のパートナーに出会うイメージ法
⑤幸せを体に憶えこませる

　そうしたら、その体の感覚を感じながら、胸に両手を当ててみよう。
　そして、胸に向かって、こう言ってみよう。
「これからは、いつも一緒だよ」

　さて、手を胸から離して、もう一度、胸に手を当ててみよう。
　どう？　さっきの感覚が甦ってきたでしょ？

　これから、あなたは、いつでも、こうして胸に手を当てると、今感じている"理想のパートナーと一緒にいる幸せ"を感じることができます。

　この胸に手を当てて、幸せな感覚を呼び出すのを、毎日、夜寝る前と朝起きてすぐにやってみてください。

　すると、あなたの脳のスーパー検索エンジンが、その幸せを感じるパートナーを探し出してくれます。

じゃその感覚
体で覚えよう！

体ほって
覚えるんだ〜

理想のパートナーと
一緒…
はぁぁ…幸せ♡

①両手を胸に当てて

「これからはいつも一緒だよ♡」
と言う

②1回
手を離す

また一緒！
はぁぁ…幸せ♡

③また胸に手を当ててみる。
手を当てれば**いつでも**
一緒の幸せが感じられる様になる。

結論

感情を呼び出すための「スイッチ」が簡単につくれる

理想のパートナーに出会うイメージ法
⑥未来の幸せを象徴する"色"を身近に置く

　未来の自分の目で見た世界は何色だったかな？
　その色をしている物を、あなたの身近に置いて、自然に目に入るようにしてみよう。いつも使っているマグカップとか、携帯電話のストラップとか、財布とか、カーテンなどの色をその色にしてみよう。
　あなたの脳は、幸せをその色で認識している。

　あなたが幸せを感じている時、あなたの心の目には、その色が見えている。だから、その幸せを象徴する色を見るだけで、あなたの脳は幸せを感じてくれるんだ。
　そして、あなたの脳のスーパー検索エンジンが働きだして、**あなたの理想のパートナーを、あなたの無意識が探し始めてくれるんだ。**

　理想のパートナーと出会うためにすること
①夜寝る前、朝起きてすぐ、胸に手を当てて、幸せな感覚を体に呼び出す。
②幸せの色をした物を身近に置く。

　たったこれだけで、あなたは、理想のパートナーに出会うことができます。これが、イメージの力、無意識の力。

私の、幸せを象徴する色は
オレンジなの♡

いいもの見つけ〜〜〜☆

バッグも
オレンジ

ケイタイも
ストラップも
オレンジ

小物、そろえたけど
コレもそうだわ♡

むぎゅうぅ

ひぃぃ…

寝る前と起きた時の
「胸に手を当てて
幸せ感覚を体に
呼び出す」も
忘れないでね!!

結論

幸せを感じる「色」を身近に置くと幸せが集まってくる

理想のパートナーに出会うイメージ法

まとめ

理想のパートナーと一緒にいる時のことを
五感（映像、音声、触覚、匂い、味）で想像し、
どんな気持ちになっているか、
感情を身体の感覚として感じてみる。

すると脳のスーパー検索エンジンが、
その理想のパートナーを探し出してくれる。

あなたを幸せにしてくれるのは、
一緒にいて"安心感"があり、
"一体感"を感じられる人。

ワクワクドキドキする恋は３年で終わる。
安心感は永遠に続く。

幸せの流れにのるための4つのステップ

幸せの流れにのるための4つのステップ

幸せになるには「幸せの流れ」にのること

幸せは、川の流れのようなものだと僕は思う。

人それぞれ、その人のために用意された「幸せの流れ」があると僕は考えている。

運のいい人、不運な人っているでしょ？　これって、その人自身の正しい人生の流れにのっかっているか、いないかだと僕は思う。流れにのりさえすれば、自然に目的地に連れて行ってもらえる。

サラリーマン時代の僕は、自分の人生の流れにまったくのっかっていなかった。だから、いくらもがいても、幸せになれなかった。人の何倍も頑張っているのに、不幸だった。

39歳独身、恋人なし、心からうちとけられる親友もいなかった。一流大学を出たにもかかわらず誰も名前を知らないような小さな会社で主任にしかなれなかった。

毎日が苦しかった。何でこんなに苦しいのに生きていなきゃならないんだろう？　そう思っていた。

それもこれも、自分の人生の流れにのっていなかったからだと今では断言できる。"他人の期待"という激流の中でもがいていただけなんだと。

> あーあ…
> 激流下りになってるよ♪
> こっちは嫌なのに

ゴン!!

他人の期待という **激流!!**

自分の人生の流れ

...あなたは
どちらに乗りたいですか!? by ラピー

（結論）

「運のいい人」は、幸せの流れにのっている

幸せの流れにのるための4つのステップ

「頑張らないと幸せになれない」と思っていない？

　今の僕は、自分の人生の流れにのっかっていると、心から感じることができる。
　心理療法家として多くの人々の人生を幸せに導いている。40歳で結婚、41歳で初めて人の親になれた。本も出すことができた。2冊目の著書となる、この本の執筆中に、長年の夢である田舎暮らしも開始することができた。

　そして何より不思議なのは、今の僕は全然頑張っていない、ということなんだ。
　幸せになるためには、努力しなければならないって、みんな思っていないかな？　それは大きな間違いだよ。
　自分の人生の本当の流れにのれば、本当に頑張らないで幸せになれるんだ。
　僕は考えた。
「どうして、僕はこんなに短期間で幸せになることができたんだろう？」。その答えが、「人には人それぞれの人生の流れがあって、その流れにのりさえすれば、自然と目的地に連れて行ってもらえる」ということなんだ。
　じゃあ、「その幸せの流れにのるためにはどうしたらいいか？」。僕は考えた。そして、答えを見つけた。

> これがボクの人生の流れなんだ

結論

自己実現のための簡単な方法がある

幸せの流れにのるための４つのステップ
幸せの流れにのる方法

　川の流れにのることを考えてみよう。
　どうすれば、上手く流れにのることができるかな？

　まず、装備を軽くしなければならない。
　重い荷物を背負っていると、水の中に沈んでしまうからね。あなたがものすごい体力の持ち主で、どうにか沈むことは免れたとしても、重い荷物で身動きがとれなくなってしまう。

　次に、どの流れにのるか、それを選ばなければならない。正しい流れにのることが大切だ。

　どれが自分にとっての正しい流れかを知るためには、まず自分のことをよく知る必要がある。

　当たり前のことだけど、自分が何者なのかわからない人が、どこに行きたいかなんてわかるはずがない。自分が、鳥だか魚だかもわかっていない奴に、自分のしたいことがわかるはずないよね。

結論

人生の正しい流れを見極めよう

装備は軽く!!

それは持ちすぎですっっ！ キッパリ!!

何入ってるんだ!?

ズート
ズート

どの流れかきっちり見極める

Ⓐ Ⓑ Ⓒ

真剣っ！

MY MAP

ここで重要なのは
自分をしっかり見つめること
です！

自分の本当の流れにのったらね、
頑張らなくても幸せになれるよ

いってきまーす♪

Good Luck♪

059
幸せの流れにのるための4つのステップ

幸せの流れにのるための４つのステップ

正しい流れにのった後
起こるかもしれないこと

正しい流れにのれたら、流れに逆らわないこと。
　じっと流れにのっていれば、正しい目的地に連れて行ってもらえる。

　だから、頑張らなくても幸せになれるんだ。
　流れに逆らうと、いつまでも流れの中で、陸地にたどり着かない。

　でも、ただ流れにのっているだけでもダメ。
　流れにのりながらも、方向修正していく必要がある。
　正しい流れにのったとしても、流れの中に岩や木があって流れを遮っているかもしれない。風が吹いて流れからあなたをそらそうとするかもしれない。

　正しい流れにのったとしても、障害物があることが多いんだ。だから、その障害物を取り除いていく必要がある。

ピピーッ

ATTENTION!

正しい流れにのった後
起こるかもしれないこと.

CASE1
岩や木が流れを止める

えっ

支流　本来の流れ

ゴオオオオ！！

ひぃ〜

オラオラ
どんどん流して
やるぞ

CASE2
強風で流される

今日は
燃えるゴミ
メラーン

○○自治会
ゴミ捨て場

この際、
どんどん入れちゃえーっ

障害物

そういう障害物
どんどん！！
取り除いていこう！

すててやるー

結論

「頑張る」ことは「流れ」に逆らうこと

061
幸せの流れにのるための4つのステップ

幸せの流れにのるための4つのステップ
人生も川の流れと同じ

　まず、自分の身を軽くする。
　つまり、心の重荷を下ろすんだ。心の重荷は、あなたの過去からつくりだされたもの。だから、それを下ろすには、過去を清算する必要がある。

　次に、どの流れにのるかを決めるためには、自分が何を求めているのか知る必要がある。
　そして、自分が何を求めているのかを知るためには、自分が何者なのか、自分のことをよく知る必要がある。

　正しい流れにのったら、流れを遮る障害物を取り除けばいい。障害物は、周りの人や世間の価値観、あなた自身の間違った思い込みやセルフイメージなんだ。

　あなたがせっかく正しい流れにのったのに、それを邪魔するのは、「お前には、そんなことできっこない」「お前がそんな奴だとは思わなかった」という世間の批判や、「金持ちになることが幸せになることだ」「一流大学を出ている男と結婚しなければ幸せになれない」などという、世間の価値観なんだ。

結論 あなたの間違った思い込みをチェックしよう

世間の価値観と
間違ったセルフイメージ
などの 山(ダム)！！

幸せの流れにのるための４つのステップ

上手くいかないことを やめる勇気

　幸せの流れにのることの最大の障害になっているのは、「私にはこんなことできない」「私は、こういう人間でなければならない」という間違った思い込みやセルフイメージなんだ。
　だから、それらを取り除いてやらないと、流れにのり続けることはできない。

　正しい流れにのるまでは、間違った流れに何回も流されそうになる。けれど、あきらめてはいけないよ。
　正しい流れにのるまで、何度もやり直すんだ。勇気が必要なのはこの時だけさ。上手くいかない時、きっぱりあきらめて出直す勇気だ。
　ほとんどの人が、間違った流れの中でもがくことに頑張ってしまっている。
　幸せになるために本当に必要なのは、上手くいかない方法をやめて、何でもいいから違うことを始めてみることなんだよ。
　でもどうすれば、人生の正しい流れを見つけて、それにのり続けることができるの？
　その答えをあなたに教えちゃいます。

結論

上手くいかないことはやめて、何でもいいから違うことを始めよう

何か違う???と思ったらね

⑦本流で進み出す

⑥またとととと本流へ戻る

⑤やっぱり違う!!と気付く

とっととやめていいんだよ

③とっとと本流に戻る

④ダムにぶつかって迂回路へ

②何か違う!!!と気付く

①風で流される

ゴーッ！

オラオラまた流してやるぜ

幸せの流れ START!

幸せの流れにのるための４つのステップ

幸せの流れにのるには準備が必要

　僕は心理療法家として、多くの人たちの相談にのっている。僕のところに来てくれる人のほとんどが、自分がどうなりたいかなんて考えていない。ただ、今の苦しみから逃れたい、という思いで相談にいらっしゃる。
　「自分がどうなりたいのかわからない人間は、どこにもたどり着けない。目標のない人は、何も成し遂げることができない、幸せになれるはずがない」と成功法則ではいわれている。
　もし、そうだとしたら、僕のところに相談に来てくれた人たちは、誰も幸せになれないはずなんだ。

　けれど、僕のところに相談に来てくれた人たちの多くが、幸せになっていっている。しかも、ただ、問題が解決して苦しみが軽減されただけでなく、問題が起きる以前よりも幸せになっている。
　これって、成功法則では、ありえないことらしい。

　そこで僕は考えた。
　もしかすると、目標を立てる前にしなければならないことがあるんじゃないか、ってね。

結論 目標を立てる前にしなければならないことがある

目標をたてる

と、成功法則では言われています。…が

をたてる
消し消し

めの

書き書き

私はコレを提唱しますっ！

幸せを受け入れるための準備 4step!

わーっ♪

幸せの流れにのるための４つのステップ
あなたは幸運を受け入れられる？

　あなたが今まで幸せになれなかったのは、あなたが幸せを受け入れる準備ができていなかったからなんだ。
　聞いたことがあるんじゃないかな？
「幸運は、それを受け入れる準備のできている人のもとへ訪れる」

　じゃあ、「幸せを受け入れるための準備」って何か？

　それが、「幸せの流れにのる方法」さ。
　まとめるよ。幸せを受け入れるためには、次の４つのステップを踏んでいけばいい。

Step 1. 心の重荷を下ろす
Step 2. ありのままの自分を受け入れる
Step 3. 理想と現実のギャップを埋める
Step 4. 本当の未来を知る

　次の章から、この４つのステップについて、具体的な方法をやっていくよ。

結論

「幸せを受け入れるための準備」がある

がっくり…

今までいろいろやたわ
あんな事も
こんな事も
…でも結局
幸せにはなれなかったのよ

涙の海

それはねえ
幸せを受け入れる
キミの準備が
出来てなかったから
それだけなんだよー!

おーい

くるっ

おー…

準備って
なにっ!?

などどどど

ひー

わかった
次で教えるよ

追力ありすぎっ!!

幸せの流れにのるための4つのステップ

まとめ

運がいい人は、自分の人生の流れにのっている人。
頑張っても上手くいかない人は、流れに逆らっている人。
自分の本当の人生の流れにのるには、
幸せを受け入れるための準備が必要。
幸運は、それを受け入れる準備ができている人のもとに訪れる。

Step1　心の重荷を下ろす
Step2　ありのままの自分を受け入れる
Step3　理想と現実のギャップを埋める
Step4　本当の未来を知る

幸せを受け入れる準備ができると、"自分の本当の人生の素晴らしさに気づく"。すると自分の本当の目標が見つかる。または、目標など持たなくても幸せに生きられる。

心の重荷を下ろす

心の重荷を下ろす
過去に対する解釈を変えると現在も変わる

　あなたを苦しめているのは過去の感情なんだ。
　実は、あなたの現在の反応のほとんどが、あなたの過去の経験からつくり出されているんだよ。
　あなたは、現在起きている出来事に苦しめられているのではなく、現在起きている出来事から想起される過去の感情に苦しめられているだけなんだ。

　他人事だとよくわかるのに、自分のことだと、どうしたらいいかさっぱりわからないってことよくあるでしょ？　どうしてだと思う？
　それは、自分で自分の姿を見ることができないからさ。自分で自分の姿を見ることができないから、状況を客観的に正確に把握することができない。だから、どうしていいのかわからないのも当然だよね。
　他人のことは、客観的に観察することができるから、的確なアドバイスを与えてあげることができる。

　じゃあ、自分のことも他人のことのように解決するためには、どうしたらいいと思う？

結論

あなたを苦しめる「過去の感情」

その悲しい気持ち
原因は**コレ**！
なんだよねーっ

ゴーーーン！

大昔の思い出

ズルズル…

心の重荷を下ろす

心の重荷を下ろす
過去のあなたを応援してあげよう

　それには自分の姿と自分の身に起きている出来事を、客観的に観察してみればいいんだ。まるで、過去のあなたが主人公の映画を観ているようにね。
　そうなんだよ。あなたは、あなたの人生の主人公なんだよ。映画を観ながら主人公を応援してあげるように、過去のあなたを応援してあげよう。

　過去を清算するには、あなたに起きた過去の出来事を、現在のあなたが、現在の強さと優しさと英知をもって、客観視すればいいんだ。

　大丈夫。
　今のあなたは、昔のあなたより、多くの経験をし、多くの知識があり、多くの知恵を持っているよね。肉体的にも強くなっている。
　今のあなたは、昔のあなたより、はるかに強く優しく賢く成長しているんだ。そうだよ。
　今のあなたは、過去の出来事を解決するための知恵と勇気と愛情を持っているんだ。その強さと愛情と英知を昔のあなたに与えてあげようよ。

結論

今のあなたなら、過去を乗り越えられる

大丈夫だよー！

GoGo

我ら君の応援団！

←今の私

あんな応援されちゃったから涙止まっちゃった

←昔の私

心の重荷を下ろす

心の重荷を下ろす

心の重荷を下ろすワーク
1. 過去の出来事を客観視する

　さあ、「心の重荷を下ろすワーク」を順番にやっていくね。まずは、嫌な出来事を、当時のあなたが主人公のビデオを観ているように、映像と音声で、思い出してみよう。

〈何歳のあなた〉がいますか？
それは〈どこ〉ですか？
〈誰〉がいますか？
〈何が起きて〉いますか？
〈当時のあなたは何をして〉いますか？

　幼少期、小学生時代、中学生時代、高校・大学生時代、学校卒業以降。年齢順でなくて構いません。思い出したものから、書いてゆきましょう。あわてずに、ひとつずつ考えてゆきましょうね。
　大丈夫。
　人は、今の自分には乗り越えられない過去は思い出さないようにできているんだ。
　あなたが今、思い出すことは、すべて今のあなたが、その過去から何かを学び、成長できることなんだよ。
　さあ、勇気を出して、書き出しましょう。

過去の出来事を客観視する

何歳くらいのあなたが見えますか？

(　　　)歳

どこにいますか？

誰がいますか？

何が起きていますか？

当時のあなたは何をしていますか？

心の重荷を下ろす

2．過去を書き換える方法
その①

　前のページで書き出した思い出を使いますよ。
　ビデオの再生ボタンを押したまま巻き戻しボタンを押すように、その映像と音声を、早回しで巻き戻してください。人がバックして歩いているような映像を見て、音声が早口で何を言っているのかわからないように聞こえます。

　もしわからないようだったら、実際にビデオの前にいって、早回しの巻き戻しを観察してみよう。
　ほらね、どんなふうにやればいいか、わかったでしょ？

　巻き戻したら、「本当は、こうだったら良かったのになぁ」と思うように話を変えて再生してみましょう。
　この時、映像を頭の中いっぱいに広げて、明るく、色鮮やかにしてください。そのほうが、気分も明るくなるからね。それと、気分に合ったバックミュージックを流してみるのも良い方法だよ。
　満足がいく話になるまで、何度でも早回しで巻き戻して、再生しましょう。

結論

嫌な過去も「楽しい過去」に変えられる

心の重荷を下ろす
2．過去を書き換える方法
その②

　最初の嫌な話を思い出してみよう。
　思い出すのが難しくなっていませんか？
　不思議でしょ？

　人間の脳はビデオテープと同じようにできているようなんだ。ビデオテープに新しい映像と音声を上書きするには、テープを巻き戻さなければならないよね。人間の記憶も同じらしいんだ。

　書き換えるには、まず巻き戻す。
　それから、新しい情報をインプットする。
　そうすることで、記憶が上書きされます。

　これは1回で効果が持続するものではないんだ。
　嫌なことを思い出すたびに、この方法を繰り返してみよう。
　すると、いつの間にか、その嫌な思い出を思い出さなくなるか、思い出しても嫌な気分にならなくなるんだ。

どっぷり…

あ、また思い出してる♪

はい、リモコン！もう1回やろう

思い出す度何回も上書きするんだ

お前って実はカワイイな
お前って実はカワイイな
お前って実はカワイイな

…なんか気持ちが楽になったわ

やったね!!
Good

結論

記憶を上書きすると、気持ちがラクになる

心の重荷を下ろす
過去を書き換えるワーク

①本当はその時、誰に何をしてほしかったのでしょう？ どんなふうだったら、良かったでしょうか？

②ビデオを早回しで巻き戻して、「本当はこういうふうだったら良かったのになぁ」というように話を変えて再生してみて、気分はどう変わりましたか？

③最初の嫌な出来事を思い出そうとしてみてください。
思い出しにくくなっていませんか？
その出来事に対する感じ方が、どう変化していますか？

過去を書き換える

①

②

③

心の重荷を下ろす

3. 過去に対する解釈を変える方法 その①

「1．過去の出来事を客観視する」で書き出した思い出を続けて使っていくよ。

頭の上にスクリーンをイメージしてください。実際に何も映っていないテレビの画面を見ながらイメージするのも良い方法だよ。

今からそのスクリーンに、先ほど書き出した思い出を、過去のあなたが主人公の映画を見るように映し出してみましょう。あなたは、その映画をそこから動かずに、冷静に見ることができますよ。

何歳くらいのあなたが映っていますか？
どんなところにいますか？
他に誰がいますか？
どんなことが起きていますか？
当時のあなたは何をしていますか？

事件の一部始終を観察してみよう。スクリーンの中でどのようなことが起きているか、その時あなたは、どのような反応をしたのか、よく観察してみよう。

何歳くらいのあなたが見えますか？

(　　　)歳

どんなところにいますか？

他に誰がいますか？

どんなことが起きていますか？

当時のあなたは何をしていますか？

心の重荷を下ろす

3. 過去に対する解釈を変える方法 その②

　この時あなたに起きたことを観て、今のあなたはどう思う？　今度同じようなことになったら、現在のあなたなら、どのように対処できるだろう？

　当時のあなたに、何て言ってあげたい？
　何をしてあげたいですか？

　スクリーンの中に入って行こう。
　そして、昔のあなたの目の前に行って、こう言ってあげよう。
「わたしは未来から来た。大丈夫だよ。もうこんなつらい(怖い、悲しい、恥ずかしい)思いは二度としない」

　昔のあなたの表情はどうですか？

　過去のあなたに、どんなことを言ってあげたいですか？　何をしてあげたいですか？
　それを言ってあげて。してあげて。
（どんなイメージが出てきたか、ワークシートに記入しましょう。）

今のあなたはどう思う？

今度同じようなことになったら、現在のあなたなら、どのように対処できるだろう？

当時のあなたに、何て言ってあげたい？

何をしてあげたい？

あなたの表情は？

過去のあなたに、どんなことを言ってあげたいですか？
何をしてあげたいですか？

心の重荷を下ろす

3．過去に対する解釈を変える方法 その③

①過去のあなたに起こったことを観察して、現在のあなたは、どう思いましたか？

②その時のあなたが、今のあなたと同じ知識と知恵、強さ、優しさ、ユーモアを持っていたなら、どのように行動できたでしょうか？

③今後、この時と同じようなことが起きる可能性はありますか？　あるとしたら、現在のあなたなら、どのように対処できますか？

④当時のあなたに、何て言ってあげたくなりましたか？何をしてあげたくなりましたか？

⑤それを、言ってあげて、してあげて、どんな感じがしましたか？

過去に対する解釈を変える

①

②

③

④

⑤

心の重荷を下ろす

4．止まっていた時間を動き出させる その①

　前のワークの続きです。

　昔のあなたの手を取って、一緒にスクリーンの外へ、現在へと戻ってきてください。
　そして、昔のあなたを、ギュッと抱きしめてあげよう。
抱きしめると、昔のあなたの体が、現在のあなたの体の中に溶け込んでくるよ。

　どんな感じがする？

　身体の感覚に意識を向けてみよう。
　喉……胸……胃……下腹……。

　あなたの体の中に溶け込んだ、昔のあなたに向かって「ほら、大丈夫でしょ」と言ってあげて。

　そして、こう言ってあげて。
「あなたがいたから、今の私がいる。ありがとう。これから一緒に成長していこうね」

> ほら
> 大丈夫でしょ!?

> ありがとう
> これから一緒に
> 成長しようね

結論

過去の自分を現在の自分が抱きしめてあげる。すると、不安が安心感に変わる

昔のあなたを
　　　ぎゅっと抱きしめてあげて!!

心の重荷を下ろす

4．止まっていた時間を動き出させる その②

①過去のあなたと一体化した時、体のどこにどんな感じがしましたか？

②「あなたがいたから、今の私がいる。ありがとう。これから一緒に成長していこうね」と言った時、どんな感じがしましたか？　それはどんな感情ですか？

③どうして、あなたは、このことを思い出したのでしょうか？

④この出来事は、あなたに何を伝えようとしているのでしょうか？

⑤あなたは、この出来事から何を学んだのでしょうか？ この過去の出来事は、現在のあなたに、どんなふうに役立っていますか？

止まっていた時間を動き出させる

①

②

③

④

⑤

心の重荷を下ろす

自分の人生は
自分で決めなきゃね

　恵子さん(仮名)は、高校受験のことを思い出した。自分の部屋で、机の前で一人悩んでいる中学3年生の恵子ちゃんが見えた。

　恵子さんのご両親は教師をしていて、勉強に対してとても厳しかったんだ。両親は恵子さんに、進学校に行くように強要した。進学校から一流大学へと進んでほしいと思っていた。受験勉強のために大好きな吹奏楽も禁止されていた。

　恵子さんは、その場面を巻き戻して、ご両親が「自分の好きな学校に行っていいよ」と言っているように書き換えた。
　すると、元の場面を思い出そうとすると、膜がかかっているようにボンヤリとしか思い出せなくなった。

　大人の恵子さんが、過去の世界に入っていって、中3の恵子ちゃんに言った。
「本当はあなたは、どうしたいの？」

恵子ちゃんは答えた。
「吹奏楽の強い高校に行きたい」
「なら、そうしたらいいよ」
「え？　お父さんお母さんの言うこときかなくていいの？　学費出してくれるんだし」
「でも、自分の人生は、自分で決めなきゃね」
　恵子さんの言葉に、恵子ちゃんはニッコリ頷いた。

　恵子さんは、恵子ちゃんの手を取って、スクリーンの外へ出てきた。そして、恵子ちゃんを抱きしめて一体化した。
　恵子さんは、胸が温かなもので膨らんだのを感じた。それは、"希望と解放感"であると、彼女は思った。

　恵子さんの現在の仕事をご両親は認めてくれていない。しかし、彼女は、それが自分の本当にしたいことなのだと確信を得ることができたんだ。

心の重荷を下ろす
親の用意したレールに乗らなくてもいい

　恵子さんのような女性は多いんじゃないかな。

　親が次々と勝手にレールを敷いてしまい、そのレールの上にいつの間にか乗っている自分がいる。

　結婚しても、親が用意したレールから夫が用意したレールに乗り換えるだけだ。

　他人が用意したレールに乗るのは、楽かもしれないけれど、何か違うような気がする。

　楽で何一つ不自由はないけど、自分の人生を生きてるような気がしない。

「自分の人生は、自分で決めなきゃね」

　今の自分が、迷っていた過去の自分に、そう言ってあげることで、あなたは本当の自分の人生のレールを自分で敷くことができるようになるのかもしれない。

> 私の人生は
> 私が決めていい☆

(結論)

あなたの人生は、あなたが決めていい

まとめ

あなたを苦しめているのは"過去の感情"。
それを解消するには、過去の出来事を
"現在のあなた"が客観視すればいい。

現在のあなたは過去のあなたより、
強く優しく賢く成長している。
だから、過去のあなたを現在のあなたが
客観視することで、
過去に対する解釈や感じ方が変わる。

すると、あなたは過去から解放され、
新しい人生を歩み始めることができる。

ありのままの自分を受け入れる

ありのままの自分を受け入れる
「短所を削って長所を伸ばす」それで本当に幸せになれるの？

「長所を伸ばし、短所を削る」
　そうすれば、完璧な人間になれる。
　あなたは、そう思っていませんか？
　忘れないでね。
長所と短所、両方あってこその、あなたなんだよ。

　あなたの親友のことを思い出してみよう。
　その人には、どのような短所があるかな？
　もし、その短所がなくなったら、あなたは、その人と親友でい続けるだろうか？

　そうだよね。
　あなたは、その人の短所も好きだから、その人と親友になっているんじゃないかな。長所と短所両方あるから、その人はその人であり、あなたの親友なんだ。
　自分に対しても同じだよ。
　長所と短所、両方あってこその、あなたなんだ。

あなたの長所を愛するように、あなたの短所も愛してあげよう。

結論

長所と短所、両方あわせてあなたがいる

ありのままの自分を受け入れる
「短所」と「長所」から「本当のあなた」が見えてくる

　あなたの短所を、最初は愛してあげられなくとも大丈夫。
　ただ、それが、あなたの中にいる、ということだけ認めてあげればいいんだ。
「そこにいていいよ」
と言ってあげよう。

　あなたの短所は、自分の存在をあなたに認められただけで安心して暴れなくなるよ。

「ありのままの自分を受け入れなさい。そうすれば幸せになれる」

　あらゆる哲学、宗教がそこに行き着く。
　しかしながら、どのようにすれば、ありのままの自分を受け入れることができるのか、具体的な方法を書いてある本や、具体的な方法を説いている人に、僕は出会ったことがない。
　せいぜい、神を信じなさい、という程度。
　僕はこう考えている。

自分をありのままに受け入れるとは、自分自身に「ごめんね」と「ありがとう」が言えること。

　あなたの〈短所〉に「ごめんね」と言ってあげて。
　あなたの〈長所〉に「ありがとう」と言ってあげて。

　すると、短所と長所から〈本当のあなた〉が生まれてくるよ。それが、自分をありのままに受け入れるということだよ。

結論

あなたの価値を十分に認めよう

ありのままに受け入れるとは
あなたの「短所」に「ごめんね」が言えること
あなたの「長所」に「ありがとう」が言えること

さあここから本当のキミが生まれるよ！

どんなキミだろう？ワクワク

私の短所ごめんね…
私の長所ありがとう…

…わかったよ
認めてくれたから
もう暴れないよ

ありのままの自分を受け入れる

ありのままの自分を受け入れる
「短所」と「長所」を書き出す
その①

　あなたの「短所」と「長所」を、箇条書きで書き出してみよう。

「短所」というのは、あなたの嫌いな自分の性格、容姿、行動。
　ちょっとつらいかもしれないけど、やってみよう。
　大丈夫。この後、素晴らしいあなたに会えるから。

　次に、あなたの「長所」を書き出してみよう。
　あなたは自分の「長所」を見つけるのが、あまり上手くないかもしれないね。
　そういう人は、次の質問に答えてみてください。

「親・兄弟・友人・上司・お客さんなどから、今までどんなことでほめられましたか？」

結論

「短所」と「長所」を書き出せば、自分が見える

ありのままの自分を受け入れる
「短所」と「長所」を書き出す
その②

容姿や身体に関すること
　いい服のセンスしてるね。唇がフックラして魅力的だね。きれいな手をしているね。笑顔がステキだね。可愛い声しているね。

性格に関すること
　優しいね。あなたといるとホッとするわ。あなたには不思議と本音が話せるの。しっかり者だね。明るいね。立ち直りが早いね。

行動に関すること
　いつも気が利くね。きみの挨拶は気持ちいいよ。料理が上手だね。片付け上手だね。慎重に考えるね。

　どんなことで、ほめられたことがあるだろう？
　結構あるもんでしょ？

あなたの短所

-
-
-
-

あなたの長所

-
-
-
-

ありのままの自分を受け入れる
あなたの「短所」を イメージに変えてみよう

　書き出した短所を全部読んでみよう。
　あなたの短所に色があるとしたら、どんな〈色〉をしていると思う？　形があるとしたら、どんな〈形〉かな？　〈大きさ〉はどのくらいだろう？

　それを手の上に載せてみて。
　〈重さ〉はどのくらいだろう？　手を上下に動かしてみると、重さがなんとなくわかるよ。

　指を動かして、それを触ってみよう。
　〈手触りや感触〉はどうだろう？　スベスベしている？　ザラザラしているかな？　硬い？　柔らかい？
　〈温度〉はどうだろう？　温かい？　冷たい？　人肌と同じくらいかな？

　耳を近づけてみて。
　何か〈音や声〉が聞こえないかな？　人の声とか風の音とか水の流れる音とか音楽とか。
　出てきたイメージを忘れないうちにワークシートに書こう。色鉛筆などを使って絵を描いてみるのもいいね。

結論

あなたの「短所」を認めてあげよう

ありのままの自分を受け入れる

ありのままの自分を受け入れる

あなたの「短所」は？

①あなたの「短所」は、どんなイメージをしていましたか？

　色
　形
　大きさ
　重さ
　温度
　手触り
　音声

②色鉛筆などを使って、絵に描いてみよう。

③なぜ、そういうイメージとして現れたのでしょう？
意味を考えてみてください。

①

②

③

ありのままの自分を受け入れる

ありのままの自分を受け入れる
あなたの「長所」を
イメージに変えてみよう

　今度は、書き出した長所を全部読んでみよう。
　短所の時と同じようにイメージに変えていくよ。
　あなたの長所に色があるとしたら、どんな〈色〉をしていると思う？　形があるとしたら、どんな〈形〉かな？　〈大きさ〉はどのくらいだろう？
　それを手の上に載せてみて。
　〈重さ〉はどのくらいだろう？　手を上下に動かしてみると、重さがなんとなくわかるよ。

　指を動かして、それを触ってみよう。
　〈手触りや感触〉はどうだろう？　スベスベしている？　ザラザラしているかな？　硬い？　柔らかい？
　〈温度〉はどうだろう？　温かい？　冷たい？　人肌と同じくらいかな？

　耳を近づけてみて。
　何か〈音や声〉が聞こえないかな？　人の声とか風の音とか水の流れる音とか音楽とか。
　出てきたイメージを忘れないうちにワークシートに書こう。色鉛筆などを使って絵を描いてみるのもいいね。

> **結論**
>
> イメージ（映像・音声・感触）に変換すれば潜在意識とアクセスできる

ありのままの自分を受け入れる
あなたの「長所」は？

①あなたの「長所」は、どんなイメージをしていましたか？

　色
　形
　大きさ
　重さ
　温度
　手触り
　音声

②色鉛筆などを使って、絵に描いてみよう。

③なぜ、そういうイメージとして現れたのでしょう？
意味を考えてみてください。

①

②

③

ありのままの自分を受け入れる

ありのままの自分を受け入れる
「短所」と「長所」から
「本当のあなた」が生まれる①

　さあ、描いた「短所」と「長所」のイメージを基に、イメージ遊びをしてみるよ。これはとても効果のある心理療法なんだ。面白くてきっと不思議な体験になるよ。

①左手に、あなたの「短所」を載せてください。
　そしてそのイメージに向かってこう言ってあげよう。
「あなたがこんなに苦しんでいたのに、今まで嫌ったり無視したりして、ごめんね」

　あなたが、そう言ってあげると、イメージが何か言葉を返してきてくれるかもしれません。
　イメージが変化するかもしれません。

②右手に、あなたの「長所」を載せます。
　そしてそのイメージに向かって、こう言ってあげよう。
「愛と自信を、ありがとう」

　あなたが、そう言ってあげると、イメージが何か言葉を返してきてくれるかもしれません。
　イメージが変化するかもしれません。

とっても面白くて不思議なワークだよ！！

効果もバッチリ！

> 結論
>
> 短所に「ごめんね」、長所に「ありがとう」

Let's Try!

ありのままの自分を受け入れる
「短所」と「長所」から「本当のあなた」が生まれる②

③胸の前で両手を合わせます。
　そして、呼吸に合わせて、手を祈るようにすりあわせながら、数を1から10まで声に出して数えます。

④水をすくうように小指をくっつけて手を広げます。
　手の上をジッと見つめて……。
　何かがボヤーッと浮かんできますよ。

　どんな〈色〉をしていますか？
　〈形〉はどうでしょう？　〈大きさ〉は？

〈重さ〉はどのくらいだろう？　手を上下に動かしてみると、重さがなんとなくわかるよ。

　指を動かして、それを触ってみて。
〈手触りや感触〉はどうだろう？　スベスベしている？ ザラザラしているかな？　硬い？　柔らかい？

〈温度〉はどうだろう？　温かい？　冷たい？　人肌と同じくらいかな？

さあイメージ遊びをしてみよう

左手の短所に…

今まで嫌ってごめんね

愛と自信をありがとう😌

そして右手の長所に…

はい！じゃふたつをね胸の前で合わせて！

数えるよ！

1、2、3、4、5、6、7、8、9、10
10数えるのよね！

ポン

開いたら何が出て来た！？

うわお！

光ってる！

色は？形は？大きさは？

ぴ か

結論

短所と長所を合わせると「ありのままのあなた」がイメージで現れる

ありのままの自分を受け入れる
「短所」と「長所」から「本当のあなた」が生まれる③

　耳を近づけてみて。
　何か〈音や声〉が聞こえないかな？　人の声とか風の音とか水の流れる音とか音楽とか。

⑤手を胸に当てて、手に載っているイメージを胸の中に入れます。

　どんな感じがしますか？

⑥その体の感じに向かって
「ありがとう。これから一緒に成長していこうね」
と言ってあげましょう。
　イメージが何か言葉を返してくれるかもしれません。

　不思議な体験だったでしょ？
　忘れないうちに、イメージが返してくれた言葉やイメージの変化をワークシートに書いておいてください。

> ご感想を一言お願いしまーす!

> えーと
> 暖かくてキラキラの星が
> 出て来ました。
> 鈴みたいな音がしたわ。
> とっても不思議な音でした☆

> 胸に入れたら
> ほわん…て
> 暖かくなりました。

> ありがとう
> これから一緒に
> 成長しようね

結論

新しいイメージを体の中に入れる。すると、新しいあなたが成長し始める

ありのままの自分を受け入れる
「短所」と「長所」のワーク①

①短所に「ごめんね」と言ってあげた時、どんな感じがしましたか？

②イメージが何か言葉を返してきてくれましたか？

③イメージがどのように変化しましたか？

④長所に「ありがとう」と言ってあげた時、どんな感じがしましたか？

⑤イメージが何か言葉を返してきてくれましたか？

⑥イメージがどのように変化しましたか？

①

②

③

④

⑤

⑥

ありのままの自分を受け入れる
「短所」と「長所」のワーク②

⑦短所と長所を合わせたら、どんなイメージが出てきましたか？

色
形
大きさ
重さ
温度
手触り
音声

⑧色鉛筆などを使って、絵に描いてみよう。

⑨なぜ、そういうイメージとして現れたのでしょう？
意味を考えてみてください。

⑦

⑧

⑨

ありのままの自分を受け入れる

ありのままの自分を受け入れる
「短所」と「長所」のワーク③

⑩短所と長所を統合したイメージを胸に入れたら、どんな感じがしましたか？

⑪「これから一緒に成長していこうね」と言ったら、どんな感じがしましたか？

⑫イメージがどんなことを喋ったような気がしましたか？

⑩

⑪

⑫

ありのままの自分を受け入れる

ありのままの自分を受け入れる

ヘドロ＋天使＝バレリーナ？

　佐藤有美子さん（仮名）は、30代半ばで恋愛経験が一度もない。化粧気がなく、服装も地味。彼女は無意識のうちに自分自身を「大嫌い！」とののしってしまうのだそうだ。とにかく自分のことが大嫌いだと言う。

　左手の上の短所は、ヘドロかコールタールのように、黒くネバネバしていた。重く、冷たく、耳を近づけると、ボコッボコッとヘドロからガスが噴出してくるような音がした。
　そのヘドロに向かって、
「あなたがこんなに苦しんでいたのに、今まで嫌ったり無視したりして、ごめんね」
と言った時、有美子さんの目から涙がこぼれた。

　右手の上の長所は、天使の姿をして光輝いていた。
　手のひらの上で飛んでいるので、重さは感じない。手触りは羽毛のようにフワフワして温かい。その天使は彼女に「大丈夫だよ、大丈夫」とささやいていた。

天使に「愛と自信をありがとう」と言うと、天使は「こちらこそ、ありがとう」と返事をしてくれた。
　両手を合わせてから広げると、バレリーナが現れた。バレリーナは彼女の手の上で軽やかに舞っている。
　喜びと美しさと強さと優しさと、そして悲しみも……。バレリーナは自分の感情のすべてを表現しているように彼女は感じた。
　バレリーナは彼女に「一緒に踊りましょう」と誘いかけてきた。彼女はバレリーナと一緒に踊った。喜びも悲しみも、自分のすべてを表現して。

　彼女は、バレリーナを胸に入れ、胸の中にいるバレリーナに「これから一緒に踊りましょうね」と言った。
　彼女の胸は、まさに胸躍る感じになった。彼女の顔には、微笑みがあふれた。そして、彼女の頬に涙がスーッと流れた。

　有美子さんは、次のような感想をくれた。

ありのままの自分を受け入れる

あなたのすべてを表現してもいい

　私は今まで、自分の美しさやポジティブな感情を表現することはいけないことなのだと無意識のうちに決めていたのかもしれません。同時に、自分の悲しみや醜さを嫌って避けていました。

　バレリーナは、喜びも悲しみもすべてを表現していました。「喜びだけを表現しているのではない。悲しみも表現しているからこそ美しいんだ！」、そう思いました。

　２回目のセラピーに来た時、彼女はきれいにお化粧をし、明るい色の服に身を包んでいた。
「自分の美しさや素晴らしさを、表現してもいいんですね」
　その時の彼女の笑顔を、僕はとても美しいと感じた。

結論

喜びも悲しみも
あなたのすべてを表現していいんだよ

ありのままの自分を受け入れる

まとめ

あなたの"長所"に「ありがとう」と
言ってあげよう。
あなたの"短所"に「ごめんね」と
言ってあげよう。

別々になっていた"長所"と"短所"を
一緒にくっつけてあげよう。
すると、"ありのままのあなた"が現れる。

長所と短所すべてあってこそのあなたなのだから。
悲しみも苦しさも表現していい。
喜怒哀楽すべてあるのが人生なのだから。

理想と現実のギャップを埋める

理想と現実のギャップを埋める

「理想と現実のギャップ」を埋める3つの方法

「理想と現実のギャップ」を埋めるには3つの方法があります。
1．理想に近づくために努力する
2．現状に満足する
3．理想に近づくために〈信念〉と〈セルフイメージ〉を変える

　1については、いろいろな本を読んだり、学校に通ったり、汗水たらしてトレーニングしたり……とにかく、「1に努力2に努力、3、4がなくて、5に根性！」ってやつだね。
　努力もとても大切だよ。だけど、努力する前に「現状に満足する」「〈信念〉と〈セルフイメージ〉を変える」ということをやってみると、それほど頑張らなくても夢を叶えることができるんだ。

「現状に満足」するための方法は、前章でやったように「ありのままの自分を受け入れる」ことでできる。
「〈信念〉と〈セルフイメージ〉を変える」方法をこの章では説明していくよ。

結論

頑張らなくても、あなたの夢は簡単に叶う

信念とセルフイメージを変えちゃおう!!

信念?

セルフイメージ?

理想と現実のギャップを埋める

理想と現実のギャップを埋める

どうして人は、理想と現実のギャップに悩むのか？

　そもそも「理想と現実のギャップ」って、どうして生まれるんだと思う？

　それは、あなたが自分の現状を無視して、
「私は、○○しなければならない」
「私は、××してはいけない」
「私は、こういう人間でなければならない」
「私は、こんな人間であってはならない」
　と、自分自身に何かを"強制"したり"禁止"したりするからなんだ。

　**あなたの成長を妨げているのは、実は、
「自分には、こんなことできっこない」というネガティブな〈思い込み（信念）〉と、
「私はこういう人間であらねばならない」という、間違った〈セルフイメージ〉なんだよ。**

結論

間違ったセルフイメージは変えられる

「理想と現実のギャップが大きいのよね…」
「はぁぁ…」
「それはねぇ!!」

・私はいつも笑ってなければならない
・私は優等生でいなければならない
・私は…

「自分自身に禁止や強制があるからだよ」
「これがセルフイメージ」

・私なんかにすてきな恋人が出来るはずない
・私が仕事をバリバリこなせるワケない

「はぱっ…思えるね」
「でこっちが信念・思い込み」
「いやはや」

「こんなイメージ外しちゃえばいいんだ!」
「キラーン!!」
Yeah!!

「ポジティブなイメージを自分に無理強いしたり強制したり」
「そんな事しなくてもOKな方法、教えるよ!」

理想と現実のギャップを埋める

理想と現実のギャップを埋める

間違った思い込みや セルフイメージの外し方

　誤った思い込みやセルフイメージを外すために「私は〜することができる」「私は素晴らしい人間だ」と無理にポジティブに考えるのは禁物だ。

　現在できていないことに対して「〜できる」と断言してしまうと、自分の現状を否定することになるので、抵抗が生じてよけいにできなくなっちゃう。

　自分は暗い人間だと思っている人が、「私は明るく楽しい人間だ」と、セルフイメージを変えようとしても、自分を否定することになるので、抵抗が生じて上手くいかない。

　それと、「〜できていない」のに「〜しなければならない」と反対のことを強制するのも禁物だね。

　無理矢理やらされるのは誰だって嫌だよね。「勉強しなさい！」と強制されればされるほど、勉強したくなくなっちゃうでしょ？　自分自身に対しても同じなんだよ。

　今まで、こんなふうにやってきてしまった人、多いんじゃないかな？　そういう人たちも大丈夫。これから説明する方法なら上手くいくよ。

結論: 無理なポジティブ思考は上手くいかない

ラピーの友人 倉井くん

…ボクは暗い性格です

でもセルフイメージを変えようと思います

ボクは明るい性格だ！
わーい！
ひくひく

「暗い」というありのままの自分を否定しているので抵抗が生まれひきつる

ボクは笑ってなきゃいけないんだ！

無理矢理笑わないと！と思いどんどんツラくなる

…変わろうって一生懸命なんだけどね 彼…
うーん
私もやってる？もしかして…

なんかすごく無理しててかわいそう…

理想と現実のギャップを埋める

理想と現実のギャップを埋める
最強の自己暗示〈パーミション〉の威力

　あなたの成長を妨げているのは、
「自分には、こんなことできっこない」というネガティブな〈思い込み（信念）〉と、
「私はこういう人間であらねばならない」という、間違った〈セルフイメージ〉なんだ。

　その誤った〈思い込み〉と〈セルフイメージ〉を外すには、まず「私は〜してもよい」と自分自身に許可を与える必要がある。

「〜してもいいよ」と、自分自身に許可を与えることで、「それをするのも、しないのも、私の自由だ」と、自分の人生の選択権を自分自身に取り戻すことができるんだ。
　選択権が自分にあるから、抵抗が生じることはないよね。あなたが本当に望んでいる暗示だけが入る。つまり、あなたが本当に望んでいることだけが、現実になる。

　この方法で実現しなかったことは、あなたが本当に望んでいることではない、と思ったほうがいい。それは、他人や世間の価値観を押し付けられたものなんだ。

結論

自分に許可を与えれば、やりたいことがわかる

理想と現実のギャップを埋める
「私は〜してもよい」

　自分自身に「〜してもいい」と許可を与える自己暗示を〈パーミション〉といいます。

　サラリーマン時代、僕は自分に次のようなパーミションを与えた。

・私は自分のことを愛してもよい
・私は自分の情熱にしたがって生きてもよい
・私は就きたい仕事に就いてもよい

　これを紙に書いて、毎日読んだ。そうしたら、２ヵ月後すべてが実現した。

　僕は、自分の情熱にしたがって、自分を愛することでその愛を他人に分け与えるために、会社を辞めて心理療法家になったんだ。
　それもこれも、この〈パーミション〉のおかげだと思っている。

> ボクは
> ネコのセラピストに
> なってもいい！
> ボクは自分を
> 大好きでいい!!
> by ラピー

よし。

「ボクは
ネコのセラピストに
なってもいい！」

「ボクは…」

結論

あなたは自由に生きてもよい

理想と現実のギャップを埋める
自分を許す方法

　許可を与える文を作る時に注意点がある。それは、**否定形を使わない、ということ。**

　たとえば「緊張しないでよい」ではなく、**緊張しなかったら"何ができるのか"、緊張しないためには"何が必要か"、を書くんだ。**

　緊張しないで何をしたいのか、であれば、
「自分の意見を言ってもよい」
「試験に合格してよい」
「人と対等に接してよい」
　などになるね。

　緊張しないためには何が必要か、という考え方をするなら、
「自信を持ってよい」
「自分の気持ちを第一に考えてよい」
「本番に強くなってよい」
「十分に練習してよい」
　などになる。

自分に許可を出す パーミション☆

*私は自分のペースで仕事していい♪
*私は自分を愛していい♪
*私はステキな彼とめぐり会って結婚していい♪
*私は義理の付き合いを断っていい♪
*私は緊張しない…じゃなくても本番に強くなっていい

そうそう♪ 否定形を使わないのがポイント！

これだけ全部出来たらすごいねー

なんかいろいろあるわー

肯定形をどんどん使ってみよう！

結論: 悩んでいないで、自分を許すことから始めてみる

理想と現実のギャップを埋める

理想と現実のギャップを埋める
あなたの成長を妨げているもの

　成長を妨げているネガティブな暗示を心理学では"禁止令"というんだ。禁止令には大きく分けて3種類ある。

　禁止令を解くには、その反対のことを「しなければならない」と強要するのではなくて、「～してもいいんだよ」とパーミションすればいいんだよ。

① "行動"を抑圧している禁止令を解く
「～してはいけない(Don't ～)」「～しなければならない(I should ～)」という思い込みに対して、「～してもいいんだよ」と許可を与えます。

② "能力"の発現を妨げている禁止令を解く
　やりたいと思っているのに「私には～できっこない(I cannot ～)」という思い込みに対して、「～してもいいんだよ」と許可を与えます。

③ "セルフイメージ"を低くしている禁止令を解く
「自分はこうあらねばならない(I should be ～)」「どうせ自分はこんな人間だ(I never be ～)」と自分自身を縛っているセルフイメージを変えます。

結論

成長を妨げているネガティブな暗示を解く

Don't してはいけない
I should しなければならない
I cannot 出来ない
I never be どうせ私は
I should be こうでないと

重っっっ…

後生大事に持ってないでさぁ
ねえ！
そのすごい荷物
パーミションで
ちゃっちゃと
拾ちゃいなよ！

今日は不燃物よ！

そんなもの
キミにとってはみんな
ゴミ なんだからさ！

理想と現実のギャップを埋める

理想と現実のギャップを埋める

あなたを「自由」にする魔法の言葉①

① "行動"を抑圧している禁止令を解く（Don't～、I should～）

あなたは、どんなことを「してはいけない」「しなければならない」と禁止されてきたでしょうか？

そのことに対して、「○○してもいい」と許可を与えてあげましょう。

	私は○○してはいけない 私は○○しなければならない	私は○○してもよい
例	何をされても怒っちゃいけない。 年上の人に逆らってはいけない。 いつも笑顔でいなければいけない。	嫌なことをされたら、怒ってもいい。 嫌なことは断ってもいい。 悲しい時は泣いてもいい。

② "能力"の発現を妨げている禁止令を解く（I cannot～）

やりたいと願っているにもかかわらず、「自分にはそんなことできっこない」と思っていることは何でしょう？

それに対しても「○○してもいい」と許可を与えてみましょう。

	私には○○なんて、できっこない	私は○○してもよい
例	幸せな結婚なんてできっこない。 何ひとつ最後までやり遂げられない。 好きな仕事では食べていけない。	結婚して幸せになっていい。 最後までやり遂げていい。 就きたい仕事に就いていい。

間違った思い込みを書き出してみよう

①
-
-
-

②
-
-
-

理想と現実のギャップを埋める

あなたを「自由」にする
魔法の言葉②

③ "セルフイメージ"を低くしている禁止令を解く
（I should be 〜、I never be 〜）

「自分はこうあらねばならない」「どうせ自分はこんな人間だ」と自分自身を縛っているセルフイメージは何ですか？

　あなたが本当はなりたいのに「なれっこない」と思っているのは、どんな人間でしょう？

　それに対しても「○○になっていいんだよ」と許可を与えてみましょう。

	私は○○という人間でなければならない 私はこんな人間にはなれっこない	私は○○になってもよい
例	私は男性から愛されるような女じゃない。 私はバカだ。 私は何の取り柄もない人間だ。	男性から愛される魅力的な女性になってもよい。 賢くなってもいい。 重要な人物になってもいい。

間違った思い込みを書き出してみよう

③
-
-
-

理想と現実のギャップを埋める

理想と現実のギャップを埋める
あなたは、自分が幸せになることを、自分自身にどれくらい許可できている？

さあ、禁止令を解くパーミションを書き出せたね。
次にそのパーミションを測定してみよう。
つまり、自分がそうなれることを自分に対して、あなたがどれくらい許可できているかを測定してみるんだ。

154ページの温度計のような図を使うよ。
①図の下に前のページまでで考えたパーミションを書き写してみよう。

②「○○してもいいんだよ」と声に出して3回唱える。

③温度計全体を視野に入れながら、目を一番下から上へと上げていきます。

やり方は2種類ある。
　㋐赤い液が、温度計のように上がっていくとイメージする。すると、ある所で赤い液が止まる。
　㋑ペン等を温度計に沿わせて上げていく。するとペンがある所で動かなくなる。

④その止まった所から５％だけイメージの中で上げる。

⑤５％上げた後の数値を表に書く。

　これを毎日、寝る前か、朝起きてすぐにやります。

　本当にあなたが願っていることは、あなたは自分自身にそうなることを許可できるので、数値が上がっていく。
　数値が上がらないのは、それはあなたの本当の願望ではないから、他人や世間の価値観を押し付けられたものだからなんだ。
　だから、**３週間続けても数値がちっとも上がらないものは、どんどん外していこう。そして、数値が上がっていくものだけを続けていこう。**
　最終的に100％になるまで続けてみる。100％に達したものは終了にして、まだ100％になっていないものを続けてやっていこう。

　きっと、願望が次々に叶えられていくことにビックリすると思うよ。お楽しみに！

理想と現実のギャップを埋める
あなたの幸せ許可度を測るワーク

① _____
② _____
③ _____
④ _____
⑤ _____
⑥ _____
⑦ _____
⑧ _____
⑨ _____
⑩ _____
⑪ _____

日にち								
①								
②								
③								
④								
⑤								
⑥								
⑦								
⑧								
⑨								
⑩								
⑪								

※参考文献
『生きる不安への「答え」』　レバナ・シェル・ブドラ著、飛鳥新社

理想と現実のギャップを埋める
許せば叶う

　この章で学んだことをまとめるね。

「こんなこと自分にできるわけない」という〈思い込み〉を外す。

「自分はこうあらねばならない」という〈セルフイメージ〉を変える。

　そのためには、
「〜できる」とアファーメーション（断言）する前に
「〜してもよい」とパーミション（許可）してみましょう。

　どうか忘れないで。
　あなたは、自分が許可しさえすれば、何でもできるんだよ。
　あなたは、自分が許可しさえすれば、どんな人間にでもなれるんだよ。

> いらないものを外したら
> **わーっ軽い!!**

> キミがキミに
> OKを出せば
> キミは何だって
> 出来るんだ!!

← 古いセルフイメージ

(結論)

あなたが許せば、本当は何でもできる

理想と現実のギャップを埋める

ま と め

あなたの成長を妨げているのは、
「私には、こんなことできっこない」
というネガティブな〈思い込み〉と、
「私は、こういう人間であらねばならない」
という間違った〈セルフイメージ〉。

それらを外すには、
「私は〜してもよい」
と、自分自身に許可を与えればいい。

自分自身に許可できないものは、あなたの本当の望みではなく、他人の期待や世間の価値観を押し付けられたもの。

あなたが本当に望むことであれば、
自分自身にそれを許せば叶う。

★
本当の未来を知る

本当の未来を知る

潜在意識には、あなたの未来がプログラムされている

　あなたの潜在意識は、あなたが本当はどうなりたいのかを知っている。
　これから紹介するワークは、それを実感させてくれると思う。

　現在のあなたを〈動物・植物・物〉でたとえてみる。

　出てきたイメージを解釈することで、今のあなたの隠れた真の一面を知ることができるんだ。

　自分で自分の姿を見ることはできない。だから、自分をあるものにたとえることで、客観視してみる。
　そうやって、**イメージに「これからどうなっていくのか」を訊くと、未来に関するヒントが得られるんだ。**

　次のページからの誘導にしたがって順番にイメージしてみよう。そして、出てきたイメージをワークシートに記入していこう。
　文章で表すだけでなく、色鉛筆などを使って、絵に描いてみるととてもいいよ。

結論

潜在意識は、あなたの未来を知っている

キミが本当はどうしたいと思っているか

顕在意識
潜在意識
ココ↗

知っているココに聞いてみよう

えーっ
私、そんな事出来ないし能力ないし

コレ→
いや、コレで出来るんだ！

自分を何かにたとえると!?

それを絵に描くと自分を客観的に観察出来るんだ

できたっ
じゃーーん

このリスには本当のキミが隠されているよ

よし次だ！いってみよ

本当の未来を知る

本当の未来を知る

今のあなたを
「動物・植物・物」にたとえたら？

①今のあなたを動物、植物、物にたとえるとしたら何だろう？　パッと直感で思いついたものでいいよ。

　そうです、それです。

②どんな姿をしていますか？
　色・形・大きさ・姿勢・表情はどんなでしょう。

③どんな場所にいますか？
　草原とか、机の上とか、海の中とか……。

④何をしていますか？

⑤何か話をしていますか？

⑥それに近づいて「こんにちは」と挨拶してください。

①

②どんなイメージが出てきたか絵に描いておこう

③

④

⑤

⑥

本当の未来を知る

イメージの目で自分を見てみると

　さあ、ワークを続けよう。

　意識だけあなたの中から抜け出して、動物・植物・物にたとえた自分のイメージの中に入っていこう。そして、そのイメージの視線で、目の前にいる自分を見てみるんだ。イメージの目から見ると、あなたはどんなふうに見えるかな？

　イメージになりきって答えてみよう。

「あなたは、Ａさん（自分）のことをどう思っていますか？」

「あなたは、Ａさん（自分）に何を伝えたいですか？」

「Ａさんに、何をしてほしいと思っていますか？」

　答えは、声として聞こえるとは限らない。テレパシーのようなものが伝わってくることが多い。仲のいい友人やパートナーの気持ちが何となく伝わってくる時の感じだ。

　あるいは、何か映像が思い浮かぶかもしれない。

　体の感覚が変化するかもしれない。

　すべての感覚を使って、イメージからのメッセージを受け取ってみよう。

　次のページのワークシートに記入してみよう。

結論

潜在意識が、幸せの流れへ導いてくれる

イメージの中に意識だけ入ります.

すうぅ…

さあ!!

リス リス♡

そこでキミ本体を見た感想を言ってあげて

にこっ…..

じっ

・・・

!!

びびっときた!!

眉間によせてるシワ!!これ、やめた方がいい!!

そうそうそんな感じ!!

動物・植物・物にたとえた自分からあなたのことを見ると、どのように見えましたか？

-
-
-
-

そのイメージは、あなたのことを、どう思っていましたか？

-
-
-
-

そのイメージは、あなたに何を伝えようとしてくれていましたか？

-
-
-
-

そのイメージは、あなたに何をしてほしいと思っていましたか？

-
-
-
-

本当の未来を知る

あなたは、これから
どうなっていく？

　イメージの中から出て、自分の体にもどってください。
そして、イメージに向かってこう質問してみよう。

「あなたは、これからどうなっていくんですか？　何もかも大丈夫になったら、どんな姿になるのか、今私に見せてください」

　どのように変化したかな？
　一見、変化していないようでも、居場所（背景）が変わっているかもしれない。
　服装や表情が変化しているかもしれない。
　大きさが変化しているかもしれない。
　よく観察して、変化を確かめてみよう。

　何も変化していないこともある。それはそれで良いことなんだ。今のあなたにとって、そのままでいることが最良のことなんだよ。

　さあ、右のページのワークシートに記入しよう。

イメージに「あなたは、これからどうなっていくのですか？ 何もかも大丈夫になったら、どんな姿になるのか、今私に見せてください」と訊いたら、どのように変化しましたか？ 絵でも描いてみましょう。

姿形(色・形・大きさ・姿勢・表情など)は？

背景(居場所)は？

行動(何をしているか)は？

音声(何か話をしているか)は？

本当の未来を知る
新しいイメージの目で世界を見る

　再び、変身したイメージと一体化してみよう。
　今度はあなたの体ごと、新しいイメージの中に入っていくんだ。

　イメージの目で見ると、世界はどう見えるかな？

　普段あなたが見ているのと、どう違うだろうか？
　明るさ、色合い、視界の広さ、目の高さ、見ている場所、を比べてみよう。

　変身したイメージと一体化すると、体の感じはどうなったかな？

　あなたの中にいるイメージに向かって感謝しよう。
「あなたが私に会ってくれて、気持ちを伝えてくれて、嬉しかったよ。どうもありがとう。これから一緒に幸せになろうね」

　右ページのワークシートに記入してみよう。

変身したイメージと一体化した時、イメージの目で見た世界は、普段のあなたの見え方と、どう違う？

明るさ

色合い

視界の広さ

目の高さ

見ている場所

変身したイメージと一体化した時、体の感じはどうなりましたか？
体のどこに、どんな感じが出てきましたか？

本当の未来を知る

大木になりたかった温室育ちの花

「今のあなたを動物・植物・物でたとえるとなんでしょう？」

裕子さん（仮名）がパッと思い浮かべたのは、小さな鉢植えの草花だった。その草花は、温室の中にある。

その草花の中から、裕子さんのことを見ると、狭い温室の中で窮屈そうで、しかも暑さで疲れているように見えた。

草花に、裕子さんに何をしてほしいか訊くと、外へ連れ出して土に植えてほしい、と答えた。

裕子さんは、その通りにしてあげた。

そして、草花にこれからどうなっていくのか、と訊くと、草花は大きな木になった。

木は多くの花を咲かせ、やがて多くの実をつけた。木の周りには、多くの動物や虫たちが集まってきた。

裕子さんは、木の中に入り、木の中から世界を見てみた。目線が高く、遠くのほうまで見渡すことができた。

体がとても大きくなって、体中にどっしりとした安定感があった。

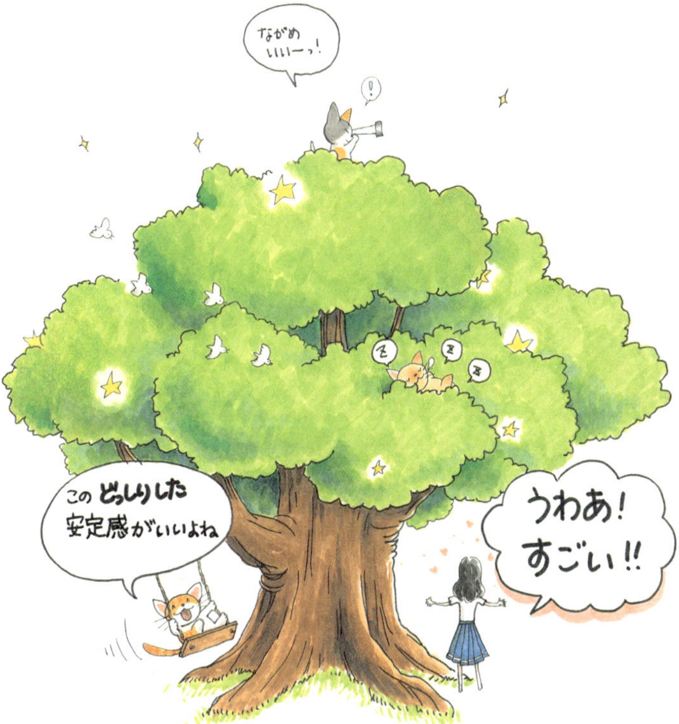
ながめ
いいーっ!
このどっしりした
安定感がいいよね
うわあ!
すごい!!

本当の未来を知る

イメージを解釈する①

　イメージが出てくれば、それで変化が起こるものではない。出てきたイメージに、あなたなりの解釈をつけることができた時、変化が起こり始めるんだ。

　裕子さんは、これらのイメージについて、次のような解釈をしてくれた。

　今の自分が、温室の中の小さな鉢植えの草花として出てきたのは、今の自分が親と暮らしていて正に温室育ちだから。
　温室の中で守られているけれど、小さな鉢に植えられて大きくなることができないでいるのだと思います。
　草花が、外に出して土に植えてほしい、と願ったように、今の私も家から出て、自分の足で自分の人生を歩きたいと思っているのでしょう。

　大地に植えられた草花が、大きな木になり、多くの花や実をつけ、多くの動物が集まってきたのは、家を出ることで、私自身が大きく成長し、多くの人たちと出会えることを表しているのだと思います。

大きな木の中に入った時はビックリしました。遠くまで見渡せて、世界がとても広く感じました。きっと家から出ると、世界が広がるんだろうな、と思いました。

　木と一体化した時の体の感覚も忘れられません。今まで、自分に自信がないから何か新しいことをする勇気がわかないんだと思っていました。けれど、木と一体化した時に感じた感覚は、自信というよりも、大地にどっしり根をはっているという安心感でした。

　頭では、家から出て自立しなければならないことは、わかっていました。けれど、経済的なことや、今まで一人暮らしをしたことがないので、寂しさに負けてしまうのではないかと、家を出て一人暮らしを始めることに踏み出せませんでした。

　それが、このワークをやってみて、家から出ることで、多くの花や実をつけることができる、そして多くの人たちと知り合いになれる、ということが"体でわかった"、という感じがします。

本当の未来を知る

イメージを解釈する②

　今まで、一人でやっていく自信がないから、できないのだと思っていました。
　けれど、どうやっても自信をつけることはできませんでした。

　本当に必要なのは、それをしても大丈夫なんだという"安心感"なんですね。

　それをしたら、どんなふうに感じるのか、体で確信できれば、行動が起こせるのだということがわかりました。

　こうして、裕子さんは、実家を出て一人暮らしを始めた。裕子さん30歳の旅立ちだ。
　きっと多くの経験と多くの人々が彼女を祝福してくれることだろう。

> 本当に必要なのは
> 自信をつける事じゃないのね
> 安心感なのね。

> 新しい旅立ちだ!
> 応援しているよー!

結論

「安心感」の土台に、幸せな人生は築かれる

本当の未来を知る
無意識の力は幸せの流れを知っている

　さあ、あなたは、このワークで出てきたイメージにどのような解釈をつけるだろうか？
　それが気づきとなり、あなたの人生は変わり始めるんだよ。
　ワークシートに記入してみよう。

①今のあなたを動物・植物・物にたとえた時に出てきたイメージは何を意味しているのだと思いますか？
　あなたのどんなことを表しているのだと思いますか？

②変身したイメージは、何を意味しているのだと思いますか？
　あなたのどんな未来を表しているのでしょう？

③新しいイメージと一体化した時の「世界の見え方」「体の感じ」があったら、今と違うどんなことができそうですか？

④さあ、あなたは、何を始めますか？

①

②

③

④

本当の未来を知る

まとめ

あなたは幸せになるために生まれてきた。

そして、潜在意識には、あなたの本当の幸せな未来がプログラムされている。

潜在意識は、あなたの本当の幸せな未来を象徴的なイメージとして、顕してくれる。

そのイメージにあなたが正しい解釈をつけることで、あなたの人生は、本来プログラムされている通りの"幸せの流れ"にのることができる。

それでも変わらないあなたへ

それでも変わらないあなたへ
相手にしてあげたいことを自分にしてあげよう

　ここまで読んでくれて、ありがとうございます。
　それでも、まだ変われそうもないあなたに知っておいてもらいたいことを、この章では書いていきます。

「自分がしてほしいことを他人にしてあげましょう」という人がいる。
　確かに正しい。
　けれど、人は皆それぞれ違う。自分がしてほしいことを相手がしてほしいと思うかどうかはわからないよね。

　そこで、あなたにオススメしたいことがある。
　相手にしてあげたいことは、自分がしてもらいたいと思っていること。

　人は相手を鏡にして自分のことを見ているんだ。
　だから、この人はこれをしてもらいたがっているとあなたが感じていることは、実はあなたがしてもらいたいと思っていることなんだよ。

「人に優しくしてあげたい」と思う人は、まず自分に優しくしてあげよう。

　あなたは、その人に、どのように優しくしてあげたいのかな？　それと同じことを自分にもしてあげよう。
　たとえば「話を親身に聞いてあげたい」のなら、あなたは、自分の気持ちを誰かに聞いてもらいたいと思っている。友達に電話するなりして、まずあなたの気持ちを誰かに聞いてもらおう。

「相手のことを、もっと大切にしてあげたい」と思っている人は、まず自分のことを大切にしてあげようよ。

　あなたは、その人のことを、どんなふうに大切にしてあげることができるのかな？　それと同じことを自分にもしてあげようよ。

それでも変わらないあなたへ
あなたは、今のままでいい

　今までやったことのないことをする。今までと違う自分になる。それはとても怖いことなんだよ。

　野生動物がいつもと違う行動をするのは、それをしなければ生きてゆけないという生死にかかわる時だけなんだ。生死にかかわるようなこと以外で、今までしたことのないことをしてみようなんてのは、よっぽどの変わり者だけだ。
　人間の社会では、そういう人たちが成功者と呼ばれたりしているけどね。成功者が必ずしも幸せとは限らない。
　僕たちは凡人で結構。凡人で満足。そのほうが長生きできる。結構幸せ。

　不思議なことに人は「私は今のままで十分素晴らしい。今のままで変わらなくていい」と思い始めた瞬間から変わり始める。
　もしかすると問題なのは、あなたが何も行動を起こせないことではなくて、あなたが今のままじゃいけない、変わらなくちゃいけない、と思い込んでいることなのかもしれないよ。

私はダメ人間だから
幸せになるには
もっと頑張らなきゃ

焦

そろそろ
ダメ人間なのよ
内なる声
頑張らないと
ダクなるのよ

撃沈…
やっぱり
ダメだ…

結果、失敗。

やれやれ

自分をダメだと思う人が
上手くいくはずないんです。

私はダメって
自分に言いきかせてるんだもん

大丈夫！
私はホントは
とってもすばらしい
のよ!!

だからね
もっと良くなれるのよ
やった分だけ
幸せになれるのよ!!

そうかあ…
そうかもね

内なる声

結果、おめでとう！

やったー！
上手くいった!!

PAN!!

こうやって
今の自分にOK!を
出すところから
全て動き出すのです

結論

今のままでも大丈夫。そう思えたらもっと良くなる

それでも変わらないあなたへ
人は自分以上に相手を
幸せにすることはできない

　僕の父は、自分が犠牲になることで家族や会社を守ってきた人だった。その結果、ストレスのため胃癌になり61歳の若さで亡くなった。

　父のように自分が犠牲になって他者のために尽くすことが尊いことだ。僕はそう信じて生きてきた。ところが実際には、父が犠牲になってくれたことで、誰一人として幸せになっていないことに、気がついたんだ。

　だから僕は、まず自分が幸せになろうと決めた。すると、僕が幸せになることで、僕の周りの人たちも幸せになっていったんだ。

　父は僕に自らの人生を通して、人は自分以上に相手を幸せにすることはできない、ということを教えてくれたんだと思う。

　愛も物と同じ。自分が持っていないものを相手に分け与えることはできません。人を幸せにしたければ、まずあなたが幸せになることです。

　まずあなたが自分のことを愛することです。

　自分のことを大切にするのです。

　そうすれば、あなたは、その愛と幸せを多くの人に分け与えることができます。

まず 自分が happy になる
全ては そこから 動き出します.

Are you happy?

結論

あなたの幸せは、多くの人を幸せにする

おわりに
―― 僕がこれからしたいこと ――

　最後まで読んでいただいて、ありがとうございました。
　多くの人が、自分の本当の素晴らしさに気づくことで、人生を好転させていくようにサポートしていく
　それが、僕の人生の使命だと思っています。
　そのために、僕がこれから、やっていきたいと思っていることをお知らせしておきます。

1　「癒し」と「自己実現」のための簡単にできる方法を広めていく

　通常のカウンセリングやセラピーでは半年以上はかかるような問題を、僕は数回で解決しています。その秘密は、毎回クライアントさんに、簡単にできる宿題をお出ししているからなのです。その宿題をすることで、クライアントさんは、自分の力で問題を解決できたと感じるので、回復も早いし、再発もしにくいのです。
　本やセミナーで、簡単にできる「癒し」と「自己実現」の方法を広めていきます。

② 聴くだけで、観るだけで、良くなっていくセラピーをマスメディアを通じておこなっていく

　本書では、イラストを多用しました。それは、ただ単にわかりやすくするためだけではありません。イラストを自分のケースに当てはめることで、いつの間にか問題が解決する。それを狙って、この本を創りました。

　また、処女作『自分をあきらめないで。絶対上手くいく！』（三笠書房）では、付録ＣＤで、聴くだけで自然と人生が好転していく催眠暗示を試みました。

　そして、究極がＴＶや映画などでのドラマ化だと僕は考えています。僕は心理療法を題材にした小説を書きます。それがドラマ化されれば、クライアント役の役者さんに視聴者が感情移入して、ドラマを観るだけで、セラピーを受けたのに近い効果が得られるはずです。

　ＴＶ局、映画会社のかたご連絡ください。ＴＶ・映画史上に残る作品になります。

③ マンツーマンのセラピーを全国に拡大する

　短期間で問題を解決し、しかも再発せず、自己成長を促していくセラピーを全国に広めていきます。
　そのために現在は、セラピストの養成をおこなっています。卒業生たちにカウンセリングをお願いするためです。そして、僕が各拠点を指導してまわるようにします。

　謝辞　すてきなイラストを描いてくださった翼さん、ありがとうございます。あなたのイラストがなければ、こんなに素晴らしい本はできなかった。
　徳間書店の豊島裕三子さん、ありがとうございます。あなたの的確なアドバイスなしでは、この本はできませんでした。
「惣ちゃん、スゴイ！　カッコイイ！」と、いつも僕をほめまくってくれている妻広美。きみの僕に対する感謝と尊敬が、僕をここまで成功させてくれた。ありがとう。

2005年7月

矢野惣一

profile

矢野惣一
問題解決セラピスト
イメージワーク メンタルサポート代表

「心理療法」と「成功法則」を融合して編み出した潜在意識活性化法（SAM）を用いて、自ら自己実現している。
平日は執筆をしながら、妻子とノンビリ田舎暮らし。
土日曜日は東京などで「癒し」や「自己実現」に関するセミナーやカウンセリングをおこなっている。

著書：「自分をあきらめないで。絶対上手くいく！」（三笠書房）
無料メールマガジン「頑張らないで幸せになる無意識の使い方」 大好評配信中
ホームページ：http://www.happysam.jp/

いいことが次から次へと集まってくる
幸せの流れにのる方法

2005年9月30日　第1刷

著　者　　　矢野惣一
発 行 者　　松下武義
発 行 所　　株式会社徳間書店
　　　　　　〒105−8055 東京都港区芝大門2-2-1
　　　　　　電話 編集部　　03-5403-4336
　　　　　　　　 販売部　　03-5403-4324
　　　　　　振　　替　　　00140-0-44392
　　　　　　編集担当　　　豊島裕三子

本文印刷　　株式会社シナノ
カバー印刷　真生印刷株式会社
製 本 所　　株式会社明泉堂

©2005 Soichi Yano,Printed in Japan
落丁・乱丁本はおとりかえ致します。
定価は、カバーに表示してあります。
無断転載・複製を禁じます。

Ⓡ[日本複写権センター委託出版物]
本書の全部または一部を無断で複写複製（コピー）することは、
著作権法上での例外を除き、禁じられています。
本書からの複写を希望される場合は、
日本複写権センター（03-3401-2382）にご連絡下さい。

ISBN4-19-862066-0